Bibliografische Information der Deutschen Nationalbibliothek:

Die Deutsche Bibliothek verzeichnet diese Publikation in der Deutschen National-
bibliografie; detaillierte bibliografische Daten sind im Internet über http://dnb.d-
nb.de/ abrufbar.

Impressum:

Copyright © 2014 GRIN Verlag, Open Publishing GmbH
Druck und Bindung: Books on Demand GmbH, Norderstedt Germany
ISBN: 9783656986713

Dieses Buch bei GRIN:

http://www.grin.com/de/e-book/336457/phaenomen-poetry-slam-und-traditionelle-
lyrik-ein-vergleich-der-literarischen

Alexander Minor

Aus der Reihe: e-fellows.net stipendiaten-wissen

e-fellows.net (Hrsg.)

Band 2046

Phänomen Poetry Slam und traditionelle Lyrik. Ein Vergleich der literarischen Reaktion auf technische Entwicklung

GRIN Verlag

GRIN - Your knowledge has value

Der GRIN Verlag publiziert seit 1998 wissenschaftliche Arbeiten von Studenten, Hochschullehrern und anderen Akademikern als eBook und gedrucktes Buch. Die Verlagswebsite www.grin.com ist die ideale Plattform zur Veröffentlichung von Hausarbeiten, Abschlussarbeiten, wissenschaftlichen Aufsätzen, Dissertationen und Fachbüchern.

Besuchen Sie uns im Internet:

http://www.grin.com/

http://www.facebook.com/grincom

http://www.twitter.com/grin_com

Das Phänomen des Poetry Slams
im Vergleich mit traditioneller Lyrik
unter dem Aspekt der literarischen Reaktion
auf technische Entwicklung

Eine Facharbeit von Alexander Minor

Gymnasium Auf der Morgenröthe

Deutsch-Leistungskurs 2
Schuljahr 2013/2014

Abgabedatum: 26.02.2014

Inhalt

1   Einleitung

1.1   Themenstellung und Untersuchungsaspekt

Diese Facharbeit wird sich mit dem Phänomen des Poetry Slams befassen und entsprechende Texte mit lyrischen Texten vergangener Zeit[1] vergleichen.

Der Poetry Slam ist mittlerweile Teil unserer Kultur, obgleich es Befürworter sowie Gegner gibt[2]. Er ist in annähernd jeder Stadt in großem wie in kleinem Umfang[3] vertreten und gefragt. Außerdem erfreuen sich Videos bekannter Slammer im Internet großer Beliebtheit.

Diese Arbeit liegt dem Untersuchungsaspekt der literarischen Reaktion auf technische Entwicklung zugrunde. Befasst man sich mit der Lyrik verschiedener Epochen, so fällt auf, dass einem die Technik der jeweiligen Zeit sehr oft begegnet, sei es als Motiv oder als Anlass des Verfassens.

1.2   Methodik und Forschungsdesign

Die wissenschaftliche Herangehensweise lässt sich ein Stück weit bereits dem Inhaltsverzeichnis entnehmen. Um den Poetry Slam und die Lyrik unter genanntem Aspekt vergleichen zu können, habe ich in dieser Arbeit jeweils einen ausgewählten Text für sich analysiert und diese in einem weiteren Kapitel miteinander sowohl allgemein als auch unter dem Untersuchungsaspekt verglichen. Das Phänomen des Poetry Slams wurde von mir in einem zusätzlichen Kapitel erläutert, bevor ein entsprechender Text eingebracht wurde.

Als Informationsgrundlagen dienten dieser Arbeit ausgewählte Primär- sowie Sekundärliteratur. Bei der Literatursuche wurde darauf geachtet, unterschiedliche Quellen zu jedem Thema zu verwenden, um eine einseitige oder voreingenommene Rezeption zu vermeiden. Außerdem wurden verschiedene Menschen befragt, die sich mit mindestens einem der Ansätze meiner Arbeit auskennen[4], worauf sich in der folgenden Abhandlung auch bezogen wird.

---

1   Wird hier als traditionelle Lyrik verstanden. Nähere Erläuterung folgt in Kapitel 2.
2   Unterschiedliche Haltungen gegenüber des Poetry Slams lassen sich bereits den angefügten Interviews entnehmen, siehe Kapitel 8.3.
3   Es finden sowohl groß angelegte, organisierte Slam-Veranstaltungen sowie Slams in kleineren Lokalen etc. statt.
4   Siehe Kapitel 8.3.

1.3 Forschungsstand

Während es zu der erhältlichen Primärliteratur zu Lyrik natürlich hinreichende Untersuchungen gibt, ist der Poetry Slam, obwohl es ihn schon relativ lange gibt[5], nur sehr selten von einer wissenschaftlichen Seite betrachtet worden[6].

Auch das Motiv der technischen Entwicklung findet sich nur äußerst selten in der Germanistik[7].

Die Verknüpfung der Lyrik mit dem noch wenig untersuchten Poetry Slam in Verbindung mit der Untersuchung unter dem ebenso relativ unerforschten Aspekt der literarischen Reaktion auf technische Entwicklung wurde von einigen Wissenschaftlern und Künstlern der Szene sogar als „konfus"[8] bezeichnet, weshalb man annehmen kann, dass diese Arbeit erste Einblicke in das Thema ermöglicht und an einigen Stellen vielleicht sogar Pionierarbeit leistet.

2 Wie reagiert traditionelle Lyrik auf technische Entwicklung? Jakob van Hoddis „Morgens" als Technik-Kritik und Appell zur Rückbesinnung

Das für dieses Kapitel verwendete Gedicht ist unter 8.1.1 abgedruckt. Es wurde 1914 veröffentlicht, also in der literarischen Epoche des Expressionismus und dient in dieser Arbeit als Beispiel für die traditionelle Lyrik. Da man den Begriff „traditionell" von mehreren Seiten betrachten kann, sollte er hier kurz erläutert werden. In der Lyrik des Barock findet man beispielsweise eine sehr reglementierte Form vor und man könnte diese als „traditionell" bezeichnen. Dies ist in meiner Arbeit nicht gemeint, vor allem weil es im Expressionismus teilweise darum geht, „traditionelle" Formen zu zerstören um bestimmte Effekte zu erzielen[9], worauf hier aber nicht näher eingegangen wird. Vielmehr wird die Lyrik des Expressionismus als historisch relevant und in der Literaturwissenschaft programmatisch verstanden und kann daher mit „traditionell" beschrieben werden.

In der ausgewählten Sekundärliteratur wird gesagt, „man müsste ihn [den Expressionismus] eigentlich für einen klassischen Fall erklären"[10] und in ihm „überrascht [...] der ungebrochene Respekt vor der herkömmlichen Vierzeilerstrophe, dem traditionellen Terzinengefüge und [...] der Sonettenform"[11]. Außerdem sehe ich seine Lyrik als geeig-

---

5   Siehe Kapitel 3.1.
6   Vgl. Masomi: Poetry Slam, S. 11.
7   Vgl. Rademacher: Das Technik-Motiv in der Literatur und seine didaktische Relevanz, S. 18.
8   Siehe Kapitel 8.3
9   Vgl. Rühmkorf: 131 expressionistische Gedichte.
10   Ebenda S. 7.
11   Ebenda S. 12.

net für die Untersuchung unter genanntem Aspekt an, da es in ihr „eine ganz und gar schonungslose, [...] unerbittlich naturgetreue Widerspiegelung von objektiven Tatsachen gegeben hat"[12] und dies dem Untersuchungsansatz zuträglich ist.

2.1 Hintergründe

Der Expressionismus, oft ist auch die Rede von dem „expressionistischen Jahrzehnt", war eine Zeit, von der man behaupten kann, sie und ihre Literatur sei von der Technik und ihrer Entwicklung geprägt. Durch eine Ökonomisierung der Technik[13] wurde diese der breiten Öffentlichkeit zugänglich gemacht[14], welche dadurch sehr beeindruckt wurde[15]. Es war jedoch nicht nur die Ökonomisierung, sondern man machte auch schnelle Fortschritte in nahezu allen Bereichen der Technik, die mit neuen Erfindungen einherging. Außerdem setzte der erste Weltkrieg ein, der in der kompletten Gesellschaft eine unsichere Atmosphäre schuf und das Leben der meisten Menschen abrupt veränderte. Demnach folgte auch die Adaptation in der Literatur und der Lyrik.

2.2 Die Rezeption technischer Entwicklung in der Lyrik

Das Gedicht „Morgens" von Jakob van Hoddis, das wie bereits gesagt 1914 veröffentlicht wurde, wird in diesem Kapitel unter dem Untersuchungsaspekt dieser Arbeit, nämlich der literarischen Reaktion auf technische Entwicklung, untersucht. Daher werden einige Elemente der allgemeinen Gedichtanalyse vernachlässigt, um mehr zielführende Ergebnisse zu erlangen.

In dem Gedicht geht es um eine Stadt im Laufe des Tagesanbruchs, Impressionen daraus und das Aufzeigen einer Alternative zu dieser Entwicklung. Ich stelle die These auf, dass das Verhältnis zwischen Natur und der Technik thematisiert und die Impressionen und somit die Entwicklung zur Technik als negativ dargestellt werden sollen. Des weiteren wird ein Appell zur Rückbesinnung zu der aufgezeigten Alternative, der Natur, ausgesprochen.

Vorab kann man sagen, dass das Gedicht in keine Strophen unterteilt ist, man kein festes Reimschema und ebenfalls kein Muster in der Anordnung der Kadenzen findet. Lediglich in den Zeilen 4-7 befindet sich ein umarmender Reim (abba) und in den Zeilen 8-11 jeweils ein Paarreim (ccdd). Ein Vers entspricht fast immer einem Satz (Mit Ausnahme der Verse 17/18). Man findet kein lyrisches Ich, lediglich einen Sprecher, der den Rezi-

---

12   Vgl. Rühmkorf: 131 expressionistische Gedichte, S. 14.
13   Vgl. Segeberg: Literarische Technik-Bilder, Kapitel 3 und 4.
14   Als eines der bekanntesten Beispiele könnte man die Geschichte von Ford nennen, aus der sogar
      eine regelrechte „Ford-Rezeption" in der Literatur entstand.
15   Im positiven wie im negativen Sinne.

pient in einem Vers (Vers 16, „Horch!") anspricht.

Dennoch kann das Gedicht einer inhaltlichen Gliederung unterzogen werden. So be-schreiben die ersten 4 Verse den Tagesanbruch („Die Tore des Himmels" werden geöff-net, Vers 2) mit dem „Emporspringen" eines starken Windes, eine Wettererscheinung der Natur, die jedoch von Türmen aufgehalten wird, indem der Wind dagegen schlägt. Hier deutet sich schon an, dass der Mensch, beziehungsweise seine durch technische Entwicklung möglich gemachten Bauwerke der Natur gegenüberstehen. Die negative Konnotation wird auch durch negativ anmutende Wörter wie „blutende Tore" oder „schlagen" erreicht.

In den Zeilen 5-11 folgen die Impressionen aus der Stadt. Diese sind

- eine „rußige Morgensonne" (Vers 5, Assoziation zu Abgasen aus zum Beispiel Fabriken),

- durch eine Alliteration veranschaulichte „donnernde" Züge unmittelbar nach dem Tagesanbruch (/„Dämmern"), was zu der entsprechenden Zeit eine der größten technischen Errungenschaften war[16],

- die „bleiche" Erscheinung der Stadt (Vers 7) und somit die Verbindung zum Leblosen, was auf die Industrie und die Technik zutrifft,

- weitere Maschinen wie Dampfer und Kräne (Vers 8) und

- damit verbundene Umweltverschmutzung („schmutzig fließender Strom") sowie

- Frauenarbeit in Fabriken.

Die Elemente werden jedoch geschickt in den semantischen Bereich des Morgens ein-gebaut, wie durch das „Erwachen" der Maschinen und den anfangs genannten Wind, der über der als „bleich" beschriebenen Stadt ist.

Die zuletzt genannte Beobachtung der Frauenarbeit ist womöglich dadurch ein Motiv dieses Gedichts geworden, da es zur Zeit des Beginns des 1. Weltkrieges verfasst wurde und die Männer als Soldaten einberufen wurden. Demnach mussten die Frauen arbeiten.

In den Zeilen 12/13 wird dann konkret eine Art technische Entwicklung beschrieben. Dort entwickeln sich „zur Liebe geschaffene Glieder hin zur Maschine und mürrischem Mühn", beziehungsweise bewegen sich dorthin, um im Kontext zu bleiben

Die Zeilen 15/16 zeigen schließlich nochmal die Zerstörung der schönen Natur („der Bäume zärtliches Grün"), denn im darauffolgenden Vers „schreien" die Spatzen darin.

Die letzten 2 Verse werden schließlich im folgenden Kapitel beschrieben.

---

16   Die Gesellschaft und die Literatur scheint sich im 19. und frühen 20. Jahrhundert intensiv mit Eisenbahnen auseinandergesetzt zu haben. Vgl. Segeberg: Literarische Technik-Bilder.

2.3   Der Appell zur Rückbesinnung und zum Idealzustand

Die letzten 2 Verse des vorliegenden Gedichtes beschreiben nach den oben genannten negativen Elementen in der Stadt, die durch die Technik bedingt sind, eine Alternative. Sie sagen aus, nachdem von „schreienden Spatzen" die Rede war, dass „draußen auf wilderen Feldern" Lerchen „singen". Diese beiden Prädikate (schreiben und singen) haben hier die gleiche Bedeutung, nur dass „schreien" eine negative und „singen" eine positive Konnotation hat.

Diesen schöneren Zustand findet man also vor, wenn man sich zurück in die Natur begibt, verwendet wurde dazu der Komparativ „wilder".

Diese abschließenden Zeilen können also einen Appell zur Rückbesinnung darstellen, da das „Singen" im Vergleich zu den vorangegangenen Elementen einen Idealzustand darstellt.

3   Das Phänomen des Poetry Slams

3.1   Entstehung und Etablierung

Als Begründer des Poetry Slams gilt Marc Kelly Smith. Ab 1985 organisierte er in einer Bar in Chicago Poesie-Abende. Aufgrund des großen Publikums zog er in einen Jazz-Club um, wo wöchentlich eine Show nach festem Programm ablief. Beendet wurde diese mit einem Auftritt von ihm selber, musste aufgrund von Zeitmangel seinerseits jedoch alle zwei Wochen von etwas anderem abgelöst werden[17]. Dazu erfand er den Poetry Slam und bezog sich „auf die Tradition der Dichterwettbewerbe, die bis in die Antike zurückzuverfolgen sind".[18]

Nur wenig später wurde dieser zu der Hauptattraktion des Abends und auch andere Café-Besitzer veranstalteten dieses Format, was nach und nach zu einer Ausbreitung in den USA führte. Ab 1990 fanden jährlich „National Poetry Slams" statt und der Musiksender *MTV* führte *MTV Poetry Unplugged* ein, womit der Dichterwettstreit auch noch durch das Fernsehen publik wurde. Ab 1993 expandierte der Poetry Slam weltweit und somit auch nach Europa und Deutschland[19].

---

17   Vgl. Masomi: Poetry Slam, S. 18.
18   Felis: Auf den Spuren der Lyrik beim Poetry Slam, S. 16.
19   Die Amerikaner Priscilla Be und Rik Maverick veranstalteten den ersten Poetry Slam in
      Deutschland in Berlin unter der Organisation von Wolf Hogekamp. Vgl. Masomi: Poetry Slam,
      Kapitel 2.

3.2 Skizzierung der Regeln und Abläufe

Für den Poetry Slam existieren folgende weltweit anerkannte Regeln, die bewusst einfach gehalten sind, um eine unkomplizierte Teilnahme zu ermöglichen:

→ „Der Poet muss den Text selbst verfasst haben.
→ Gesangseinlagen sind nur in einem kurzen Zeitraum erlaubt.
→ Es gibt ein Zeitlimit.
→ Es dürfen keine Hilfsmittel, wie zum Beispiel jegliche Form von Requisiten oder Kostümierungen, verwendet werden.
→ Das Publikum bewertet die Darbietung."[20]

Diese Regeln beschreiben gleichzeitig auch teilweise den Ablauf. Dazu kann noch ergänzt werden, dass es meistens für jede Stadt einen *Slammaster* gibt, der die Veranstaltungen organisiert und oft auch moderiert. Da die Slams heute in der Regel groß angelegt sind[21], kümmert sich dieser auch um den Ort und kontaktiert die Künstler, die etwas vortragen sollen. Dem Moderator wird eine besondere Rolle zugeschrieben[22], da dieser den Slam „dramaturgisch"[23] gestalten soll.

Wenn ein Slam professionell ausgerichtet ist, tritt vor den eigentlichen Künstlern ein sogenanntes *Opferlamm* auf, da das Publikum den ersten Künstler in der Regel am schlechtesten bewertet. Dies ist meistens der Moderator selbst.

3.3 Oralität

Die Oralität (und die Interaktion mit dem Publikum) wird von verschiedenen Sprachwissenschaftlern und Experten als „Markenzeichen des [...] Poetry Slam[s]"[24] und als besonders beschrieben, da das Vortragen von Texten nicht mehr in unseren Alltag integriert ist[25]. Felis sagt in „Auf den Spuren der Lyrik beim Poetry Slam", Marc Smith sei es bei seinen Veranstaltungen um die „Darbietung des *gesprochenen* Wortes [...]" gegangen „um an die Tradition der Oralität von Gedichten anzuknüpfen". Die Besonderheit der Oralität in der heutigen Zeit wird durch diese Belege deutlich.

Auf der anderen Seite wird sowohl in den vorliegenden Interviews als auch zum Beispiel von Clara Felis gesagt, dass die Oralität alles andere als neuartig ist und sie praktisch schon immer in Verbindung mit Lyrik verwendet wurde. Somit kann hier eine erste Parallele zwischen der traditionellen Lyrik und dem Poetry Slam gezogen werden, da der Poetry Slam ein sehr traditionelles Element der Lyrik aufgreift und damit auch heute noch sehr großen Erfolg hat.

---

20   Felis: Auf den Spuren der Lyrik beim Poetry Slam, S. 22.
21   Vgl. Kapitel 8.3.5, Punkt 1 und Masomi: Poetry Slam, S. 86.
22   Kapitel 8.3.2 Punkt 5.
23   Masomi: Poetry Slam, S. 22.
24   Kapitel 8.3.5, Punkt 5.
25   Vgl. Kapitel 8.3.4, Punkt 5 und Kapitel 8.3.5, Punkt 5.

4 Wie reagiert der Poetry Slam auf technische Entwicklung? Untersuchung am Beispiel von Patrick Salmens „Die Armee der gescheiterten Gleitflieger"

Der für dieses Kapitel verwendete Text ist unter 8.1.2 abgedruckt.

4.1 Hintergründe und Angaben zum Autor

Der Text „Die Armee der gescheiterten Gleitflieger" wurde 2013 veröffentlicht und dient hier als Beispiel für einen Poetry Slam-Text. Der Kurzprosa-Text, der bei Poetry Slams vorgetragen wird, wurde von Patrick Salmen verfasst. Dieser „Prosa- und Lyrikautor, Bühnenliterat und Kabarettist"[26] ist einer der „großen"[27] und bekannten Slammer und hatte 2010 die „Deutschsprachige Poetry-Slam-Meisterschaft" gewonnen. Bei der gleichen Veranstaltung 2011 erreichte er den zweiten Platz. Er ist mit einem eigenen Soloprogramm bereits auf Tournee gewesen und moderiert den Poetry Slam in Dortmund[28]. Befasst man sich mit Texten des Poetry Slams, begegnet man seinen Texten zwangsläufig und man kann sie daher als programmatisch bezeichnen.

4.2 Die Rezeption technischer Entwicklung im Poetry Slam

Analog zu Kapitel 2.2 wird der vorliegende Poetry Slam-Text unter dem Aspekt der literarischen Reaktion auf technische Entwicklung untersucht.

Das Thema des Textes sind die Beobachtungen, die während einer Zugfahrt von dem lyrischen Ich, das ein Passagier zu sein scheint, gemacht werden und die Überlegungen, die es dazu anstellt. Ich stelle die These auf, dass der Text die Technik, bzw. eines der wichtigsten Elemente unserer Technik, nämlich die Transportleitungen elektrischer Energie und seine Beziehung zum Menschen thematisiert. Dies wird durch die Ausführungen des lyrischen Ichs versprachlicht.

Zuerst führe ich eine Gliederung des Inhaltes durch und zeige somit gleichzeitig die verwendeten Technik-Motive auf.

So wird in den ersten 7 Zeilen das große Hauptmotiv des Textes beschrieben, jedoch nicht benannt. Es wird mit dem semantischen Bereich des Militärs (z.B.„Militärparade", Z.1) beschrieben, sodass man denkt, der Text handelt von Soldaten. „Sie" (Z.3) werden als „Konstante" und sogar explizit als das „immer wiederkehrende, zentrale Motiv" bezeichnet. Durch verschiedene örtliche Angaben (Landschaft, Gleisrand, Felder) wird eine Art Allgegenwärtigkeit beschrieben.

In den Zeilen 8-13 wird durch einen „vergangenen Traum" (Z.9) von einem Jungen, der

---

26   Salmen: Das bisschen Schönheit werden wir nicht mehr los.
27   Siehe Kapitel 8.3.5, Punkt 1.
28   Salmen: Das bisschen Schönheit werden wir nicht mehr los.

versucht zu fliegen, der Bezug zu den Strommasten hergestellt, da diese das lyrische Ich in personifizierter Form an Personen mit ausgestreckten Armen erinnern. Hier wird das besagte Motiv auch zum ersten Mal benannt.

Die Zeilen 14-26 beschreiben anschließend - jetzt nachdem die Strommasten konkretisiert wurden - ihre unterschiedlichen Facetten, jedoch weiterhin auf der Metaebene der „Armee der gescheiterten Gleitflieger" (Z.15). Nochmals wird ihre Allgegenwärtigkeit und Präsenz „Überall in der Welt" (Z.24) beschrieben, zum Beispiel dadurch, dass sie „wie Bäume sprießen" (Z.24) und es „abertausende" von ihnen gibt (Z.18). Durch das verwendete Bild der Armee und die große Anzahl wirken sie übermächtig. Dies alles passiert jedoch weiterhin auf der kindlich verträumten Ebene, durch die das lyrische Ich die Strommasten überhaupt erst personifizieren kann. In den Zeilen 17/18 wird gesagt, die „Armee" sei „zu symmetrisch und gleichmäßig, als dass sie das unberührte Bild der Natur in irgendeiner Weise stören würde". Es lässt sich also eine gewisse Faszination des Sprechers beobachten.

Die Zeilen 27-32 bewegen sich wieder weniger auf einer Metaebene sondern der Sprecher befindet sich gedanklich wieder im Zug und beobachtet „Gartenlauben oder Forsthütten" (Z.28). Allerdings „verschwindet alles irgendwann" oder „verzerrt sich im Rausch der Geschwindigkeit, doch die Strommasten bleiben wieder als Konstante erhalten, während die Menschen und ihre Zufluchtsorte schnell vorüberziehen. Die Strommasten bleiben jedoch in Erinnerung, weil sie sich „aufdrängen, nicht vergessen zu werden". Ihre Allgegenwärtigkeit erlangt hier also eine negative Konnotation („aufdrängen").

Letztlich wird in den Zeilen 32-35 [auch] ein utopischer oder zumindest futuristischer („irgendwann", Z.32) Zustand beschrieben, in dem die technische Entwicklung, die in dem Text durch die Strommasten repräsentiert wird (pars pro toto), auf ein großes Ende globalen Ausmaßes („Die weltgrößte Kettenreaktion", Z.32) zuläuft.

Die letzten beiden Zeilen stellen eine Art Fazit des lyrischen Sprechers dar, in dem es sagt, es könne mit Worten nicht ausdrücken, was die Strommasten in ihm auslösen, vielleicht könnte man es jedoch mit „Würde" beschreiben, was wahrscheinlich auf die Wirkung auf das lyrische Ich und die Standhaftigkeit zurückgeht.

Insgesamt werden also viele Technik-Bilder verwendet, wie der semantische Bereich des Zuges mit dem Gleisrand, Zugschienen, dem Zug selber und dem Rausch der Geschwindigkeit und das Hauptmotiv, die Strommasten.

Obwohl sowohl positive als auch negative Aspekte dieser Elemente der Technik aufge-
griffen werden, überwiegt wahrscheinlich der negative Teil. Die Strommasten werden
als aufdringlich beschrieben und dass sie „das Bild der Natur in keinster Weise stören
würden", kann aufgrund der allgemeinen Meinung unserer Gesellschaft als Ironie angesehen werden.

5   Der Vergleich

5.1   Vergleich der „Gattungen"

Vergleicht man traditionelle Lyrik und den Poetry Slam vorerst allgemein ohne den
Aspekt der literarischen Reaktion auf technische Entwicklung, kommt man zu einem
zweigeteilten Schluss.

Auf der einen Seite sagt Strack zum Beispiel, dass es sich um grundsätzlich andere Kategorien handle[29], Crauss bemängelt beim Poetry Slam die Qualität im Vergleich zur Lyrik[30] und Dr. Schütte sagt, die Texte im Poetry Slam sind – vielleicht aufgrund semipro-
fessioneller Autoren- einfach zu „missraten" um sie zu lesen[31].

Auf der anderen Seite kann die traditionelle Lyrik auch als notwendige Bedingung für
den Poetry Slam betrachtet werden, schließlich sollte dieser ursprünglich „eine interak-
tive Alternative zur herkömmlichen 'Wasserglaslesung'" bieten und der „Lyrik ihren per-
formativen Charakter zurückgeben"[32]

Die von mir befragten Literaturwissenschaftler waren sich jedoch nahezu einstimmig ei-
nig, dass Poetry Slam im Vergleich zur Lyrik nicht als Gattung bezeichnet werden kann,
da der Begriff primär den „Literaturbühnenwettbewerb" beschreibt, also keine Text-
sondern eine Darbietungsform. Außerdem werden dort „keine homogenen Textgattungen präsentiert, sondern sehr unterschiedliche Formen"[33], die sich auf „Lyrik oder Prosa"[34] beschränken.

---

29   Siehe Kapitel 8.3.1.
30   Siehe Kapitel 8.3.2.
31   Siehe Kapitel 8.3.3.
32   Beide aus Felis: Auf den Spuren der Lyrik beim Poetry Slam, S. 17.
33   Siehe Kapitel 8.3.2.
34   Siehe Kapitel 8.3.3.

5.2   Gesamtinterpretation der Ergebnisse

Um das Phänomen des Poetry Slams jetzt unter dem Aspekt der literarischen Reaktion auf technische Entwicklung mit der traditionellen Lyrik zu vergleichen, werden die Untersuchungen der jeweiligen Texte herangezogen.

Dank dieser können Unterschiede und Gemeinsamkeiten herausgestellt werden und durch den recht analogen Aufbau ist der Vergleich an sich sehr gut möglich.

Orientiert man sich zunächst an den jeweils am Anfang von mir aufgestellten Thesen, so findet man natürlich eine Überschneidung in der Darstellung der Technik beziehungsweise der technischen Entwicklung. In dem Beispiel für die Lyrik ging es jedoch noch mehr um eine Negativ-Darstellung der Technik und den Aufruf, dass man noch versuchen könne, etwas zu verändern. In dem Beispiel für den Poetry Slam ging es dabei mehr um das „Schreiben über etwas", hier die Beziehung oder Haltung, die ein Mensch gegenüber der Technik und ihrer Entwicklung einnehmen kann.

Beide Texte haben im Kern Dinge oder Situationen beschrieben, die für die jeweilige Zeit populär oder mindestens verbreitet sind. Das Aufgreifen zeitgenössischer Impressionen wurde also sowohl von der traditionellen Lyrik als auch vom Poetry Slam verwendet.

Überraschend ist, dass beide Texte jeweils am Ende von der vorangegangenen Intention abgewichen zu sein schienen um im ersten Fall einen Appell gegen die Technik auszusprechen und eine Alternative aufzuzeigen und im zweiten Fall um ebenfalls einen Zustand in der Zukunft zu nennen, der also auch ein Stück weit eine Alternative zu unserer Welt darstellt. Sowohl in der Lyrik als auch im Poetry Slam findet man also abschließende Phrasen, die auf etwas verweisen oder einen Appell beinhalten können.

Offensichtlich ist, dass sowohl die Lyrik als auch der Slam rhetorisch stilistische Mittel verwenden um bestimmte Effekte zu erzielen oder sogar bestimmte Dinge sprachlich darzustellen (So kann die Alliteration „Auf Dämmern donnern Züge" auch als Onomatopoesie verstanden werden). Speziell in Verbindung mit der literarischen Reaktion auf technische Entwicklung kann hier das rhetorische Mittel der Personifikation genannt werden. Gegenständen wird dadurch die selbe Bedeutung wie Menschen zugesprochen und sie erlangen dadurch den Personen-Status. So kann zum Beispiel eine Ablösung des Menschen durch leblose technische Gegenstände beschrieben werden.

Zur Form kann man sagen, dass diese beim Poetry Slam wahrscheinlich wirklich bedeutend weniger oder gar nicht reglementiert ist, was auf die Lyrik nicht zutrifft.

Beim Poetry Slam wird aufgrund der Zusammensetzung des Publikums und der Schwierigkeit des genauen Erfassens der Sprache alleine durch Zuhören wahrscheinlich weniger auf die Form geachtet. Zusätzlich gehen viele Slams in letzter Zeit auch in Richtung Comedy[35], wo es noch weniger auf die Form ankommt.

Meine Untersuchungen haben allerdings gezeigt, dass man in Texten des Poetry Slams sprachlich-formale Strukturen findet, die durchaus mit der Lyrik vergleichbar sind. Dies trifft zugegebenermaßen sicherlich nicht auf alle Texte zu.

Die reglementierte Form in der Lyrik ließ sich sogar in der expressionistischen Lyrik dadurch nachweisen, dass erstens die besagten sprachlichen Mittel verwendet wurden und zweitens, wie in Kapitel 2 bereits erläutert wurde, auch dort viele Gedichte zum Beispiel als Sonett geschrieben wurden.

6   Schlussbetrachtung und Ausblick

Zusammenfassend kann ich sagen, dass aus der Facharbeit sehr gute und interessante Punkte hervorgegangen sind.

Die Methodik, Informationen sowohl durch Interviews mit Experten als auch durch ein breit gefächertes Angebot an Literatur zu beziehen, hat sich bewährt und als hilfreich erwiesen.

Die Komplexität meiner Fragestellung, in der sowohl 2 Kategorien von Texten als auch ein bisher kaum erforschter Untersuchungsaspekt vorkamen, stellte eine Herausforderung dar, ließ einen die Materie aber von mehr als einem Blickwinkel betrachten und machte die Arbeit so interessanter. Auch die Entscheidung, den recht neuen Poetry Slam mit der „traditionellen" Lyrik zu vergleichen, erwies sich als sehr spannend, was durch ein beachtliches Maß an persönlichem Interesse meiner Interviewpartner bestätigt wurde.

6.1   Andere Untersuchungsschwerpunkte

Anzumerken ist, dass sich diese Arbeit lediglich mit dem einen genannten Untersuchungsaspekt befasst hat.

Wie in den Sprachwissenschaften üblich kann man beide Kategorien - sowohl die Lyrik als auch den Poetry Slam - unter allen anderen bekannten Aspekten und auf Motive hin untersuchen.

---

35   Siehe Kapitel 8.2.2, Punkt 2

14

Bereits erwähnt hatte ich die Ford-Rezeption in der Literatur durch die Ökonomisierung der Technik aber auch über „gängige" Motive wie den Krieg, die Liebe und die Natur lohnt es sich meiner Meinung nach durchaus zu schreiben.

6.2 Die Reaktionen anderer Literatur, Kultur und Medien

Genau wie man Gattungen und Kategorien unter allen möglichen Gesichtspunkten untersuchen kann, kann man dies auch mit allen anderen dokumentierten Medien, der Kultur einschließlich ihrer Faktoren und Aspekte und der Literatur machen.

Gleich welcher Art sind Künstler und Autoren immer von den Erscheinungen und Ereignissen ihrer Zeit beeinflusst und dies kann sich in ihren Werken widerspiegeln, oder aber sie versuchen ganz bewusst, mit ihren Werken auf bestimmte Verhältnisse zu reagieren.

7   Literaturverzeichnis

Benn, Gottfried: Lyrik des expressionistischen Jahrzehnts – Von den Wegbereitern bis zum Dada. 5. Auflage, Limes Verlag, Wiesbaden 1955.

Enklaar, Jattie; Ester, Hans; Tax, Evelyne (Hrsg.): Schlüsselgedichte – Deutsche Lyrik durch die Jahrhunderte: Von Walther von der Vogelweide bis Paul Celan. Königshausen & Neumann, Würzburg 2009.

Felis, Clara: Auf den Spuren der Lyrik beim Poetry Slam – Ein Vergleich der US-amerikanischen und der deutschsprachigen Poetry-Slam-Szenen.1. Auflage, Lektora, Paderborn 2013.

Geier, Andrea; Strobel, Jochen (Hrsg.): Deutsche Lyrik in 30 Beispielen. Wilhelm Fink, Paderborn 2011.

Hogekamp, Wolf; Högsdal, Björn (Hrsg.): 155 Kurze aus der Poetry Slam Szene. 2. Auflage, Lektora, Paderborn 2013.

Masomi, Sulaiman: Poetry Slam – Eine orale Kultur zwischen Tradition und Moderne. 1. Auflage, Lektora, Paderborn 2012.

Rademacher, Gerhard: Das Technik-Motiv in der Literatur und seine didaktische Relevanz. Band 425 der Reihe 1: Deutsche Sprache und Literatur. Peter Lang, Frankfurt am Main 1981.

Rühmkorf, Peter (Hrsg.): 131 expressionistische Gedichte. Klaus Wagenbach, Berlin 1976.

Salmen, Patrick: Das bisschen Schönheit werden wir nicht mehr los. 1. Auflage, Lektora, Paderborn 2013.

Segeberg, Harro: Literarische Technik-Bilder – Studien zum Verhältnis von Technik- und Literaturgeschichte im 19. und frühen 20. Jahrhundert. Band 17, Max Niemeyer Verlag, Tübingen 1987.

8 Anhang

8.1 Textgrundlagen

8.1.1 Jakob van Hoddis: „Morgens"[36]

1 Ein starker Wind sprang empor.

2 Öffnet des eisernen Himmels blutende Tore.

3 Schlägt an die Türme.

4 Hellklingend laut geschmeidig über die eherne Ebene der Stadt.

5 Die Morgensonne rußig. Auf Dämmern donnern Züge.

6 Durch Wolken pflügen goldne Engelpflüge.

7 Starker Wind über der bleichen Stadt.

8 Dampfer und Kräne erwachen am schmutzig fließenden Strom.

9 Verdrossen klopfen die Glocken am verwitterten Dom.

10 Viele Weiber siehst du und Mädchen zur Arbeit gehen.

11 Im bleichen Licht. Wild von der Nacht. Ihre Röcke wehn.

12 Glieder zur Liebe geschaffen.

13 Hin zur Maschine und mürrischem Mühn.

14 Sieh in das zärtliche Licht.

15 In der Bäume zärtliches Grün.

16 Horch! Die Spatzen schrein.

17 Und draußen auf wilderen Feldern

18 singen Lerchen.

8.1.2 Patrick Salmen: „Die Armee der gescheiterten Gleitflieger[37]

1 Eine Militärparade. Aufgereiht in symmetrischen Abständen. Mit stram-
men, gestreckten Körpern, erhobenen Hauptes, stehen sie in der Landschaft. Sie wirken bedrohlich und doch strahlen sie eine gewisse Ruhe
auf mich aus. Eine Konstante. In Briefen und Notizen. Ein immer wie-

5 derkehrendes Motiv. Zentral. Zwanghaft. Sie wachen am Gleisrand. Auf
den Feldern. Mit breit ausgestreckten Armen. Manchmal zeigen sie in die
Höhe, strecken sich nach oben.

Manchmal erinnern sie mich in ihrem Stolz und in ihrem entschlossenen
Ausdruck an einen kleinen Jungen aus einem vergangenen Traum. Mit

10 festem Willen und dem absoluten Glauben an sich rennt er mit ausgebrei-

---

36 Siehe Benn: Lyrik des expressionistischen Jahrzehnts, S. 79.
37 Siehe Salmen: Das bisschen Schönheit werden wir nicht mehr los, S. 9.

teten Armen über die Landebahn eines alten stillgelegten Flughafens und versucht zu fliegen. Ja, die Strommasten, sie scheinen jederzeit abheben zu wollen.

15 Aufgereiht in den stets gleichen Abständen, parallel zu den Zugschienen verlaufend, bilden sie die Armee der gescheiterten Gleitflieger. Zu schön, um sie während einer Reise ungesehen am Fenster vorbeirasen zu lassen. Zu symmetrisch und gleichmäßig, als dass sie das unberührte Bild der Natur in irgendeiner Weise stören würde. Abertausende Strommasten. Und in allen Ländern sehen sie verschieden aus.

20 Dann gibt es noch die mit den hängenden Armen. Sie wirken kraftlos und verbraucht, scheinen sich mit ihrem Schicksal abgefunden zu haben. Bewegungslose Starre. Nicht mehr als Kabelhalter in einem riesigen Filmstudio.

Wie Bäume sprießen sie. Überall in der Welt. Ihre Stahlstämme bohren

25 sich aus dem Erdreich. Ob sie auch eine Art Wurzelsystem besitzen? Kleine Stromleitungssprossen, die sich durch das Erdreich schlängeln? Manchmal glaube ich, einen kleinen, vergessenen Bahnhof wahrzunehmen. Doch es sind nur Gartenlauben oder Forsthütten. Weit hinten sitzt ein Mann auf seinem Hochsitz. Alles verschwindet irgendwann hinter

30 Bäumen oder verzerrt sich im Rausch der Geschwindigkeit. Was bleibt, sind die Strommasten. Sie drängen sich auf, nicht vergessen zu werden. Irgendwann werden sie zusammenfallen. Die weltgrößte Kettenreaktion. Wie Dominosteine werden sie fallen. Einer nach dem anderen. Ich kann nicht in Worte fassen, was ich in ihnen erkenne, was sie für

35 mich ausstrahlen. Vielleicht so etwas wie Würde.

8.2 Interviewleitfaden

→ „Poetry Slam" wird im Folgenden mit „PS" abgekürzt.
→ „Traditionelle Lyrik" wird im Folgenden mit „TL" abgekürzt.

– Vorab zu Ihrer Person:
    → Üben Sie einen Beruf aus, der etwas mit PS, TL oder sogar Beidem zu tun hat?
– Kann man PS wie Lyrik als eigene Gattung bezeichnen? Warum?

Fragen zum Poetry Slam	Fragen zu traditioneller Lyrik
1)- Haben Sie Erfahrungen mit PS gemacht? Wenn ja, welche? → Sind Sie aktiv oder passiv in der Szene unterwegs?	
2)- Haben Sie sich schon mal mit PS auseinandergesetzt? Wenn ja, wie?	- Haben Sie sich schon mal mit TL auseinandergesetzt? Wenn ja, wie?
3)→ Können Sie einen Vergleich zwischen PS und TL wagen?	
4)- Würden Sie PS als Phänomen bezeichnen? Warum?	
5)- Ist die Oralität das Besondere am PS? Macht sie den Reiz aus? Ist sie revolutionär in der Geschichte / etwas Neuartiges?	- Kann man bei TL auch von einer Performance reden? Wie würden Sie ihre Performance ausdrücken?
6)→ Stellt die Performance einen gravierenden Unterschied zwischen PS und TL dar?	
7)- Kann man Texte wie Lyrik unter dem Aspekt bestimmter Motive untersuchen?	
8)- Kann man PS als die Lyrik der Moderne bezeichnen?	
9)- Glauben Sie, Literatur kann auf bestimmte z.B. gesellschaftliche Verhältnisse reagieren?	
10)	- Stellt die technische Entwicklung ein großes Motiv der TL dar / findet man in ihr Reaktionen darauf?
11)- Die hohe Geschwindigkeit heutiger technischer Entwicklung steht außer Frage. Ist die Gesellschaft dennoch immer noch oder gerade heute von der technischen Entwicklung bewegt oder beeinflusst?	
12)	- Gab es die Reaktion auf technische Entwicklung schon immer oder erst z.B. mit der industriellen Revolution?
13)Und zum Schluss: Könnte man die beiden Gattungen auch unter anderen Aspekten untersuchen und vergleichen?	

8.3 Interviews

8.3.1 Interview mit Karsten Strack

– Vorab zu Ihrer Person:

→ Üben Sie einen Beruf aus, der etwas mit PS, TL oder sogar Beidem zu tun hat?

Als Geschäftsführer des größten deutschsprachigen Poetry-Slam-Verlags sowie als Slam-Veranstalter und -Dozent und auch als Poetry Slammer ist ein sehr großer Teil meiner beruflichen Tätigkeit vom Poetry Slam geprägt. Mit Lyrik habe ich durch die Vielfalt der bei uns verlegten Gattungen ebenfalls zu tun.

→ Kann man PS wie Lyrik als eigene Gattung bezeichnen? Warum?

Poetry Slam ist keine eigene Gattung, sondern eine Literaturwettbewerbsform, in der alle literarischen Gattungen aufgeführt werden können.

1)- Haben Sie Erfahrungen mit PS gemacht? Wenn ja, welche?
→ Sind Sie aktiv oder passiv in der Szene unterwegs?

Ich habe vielfältige aktive und passive Erfahrungen mit Poetry Slam gemacht, sowohl als Veranstalter, Dozent, Verleger und auch als Poetry Slammer selbst.

2)- Haben Sie sich schon mal mit PS auseinandergesetzt? Wenn ja, wie?
/
- Haben Sie sich schon mal mit TL auseinandergesetzt? Wenn ja, wie?
/
3)→ Können Sie einen Vergleich zwischen PS und TL wagen?

Nein, da es sich um grundsätzlich andere Kategorien handelt (siehe oben).

4)- Würden Sie PS als Phänomen bezeichnen? Warum?

Poetry Slam ist mittlerweile ein fester Bestandteil der Kulturlandschaft mit einem hohen Zuschauerzuspruch. Mittlerweile gibt es regelmäßig stattfindende Poetry Slams, denen mehr als 500 Zuschauer beiwohnen. Bei den deutschsprachigen Meisterschaften sehen einige tausend Besucher zu.

5)- Ist die Oralität das Besondere am PS? Macht sie den Reiz aus? Ist sie revolutionär in der Geschichte / etwas Neuartiges?

Die Oralität ist natürlich ein Markenzeichen des Literaturbühnenwettbewerbs Poetry

Slam.

- Kann man bei TL auch von einer Performance reden? Wie würden Sie ihre Performance ausdrücken?

Lyrik muss nicht zwingend performt werden. Es gibt ja auch Lyriker, die nicht auf Bühnen lesen, aber in Büchern nachgelesen werden können.

6)→ Stellt die Performance einen gravierenden Unterschied zwischen PS und TL dar?

Na klar. Auf Poetry Slams werden Texte zwangsläufig performt, das ist Sinn der Veranstaltung.

7)- Kann man Texte wie Lyrik unter dem Aspekt bestimmter Motive untersuchen?

Absolut.

8)- Kann man PS als die Lyrik der Moderne bezeichnen?

Nein!

9)- Glauben Sie, Literatur kann auf bestimmte z.B. gesellschaftliche Verhältnisse reagieren?

Ja, das ist eine Funktion von Literatur.

10)- Stellt die technische Entwicklung ein großes Motiv der TL dar / findet man in ihr Reaktionen darauf?

Ja, technische Innovation wird seit Jahrhunderten auch in der Lyrik thematisiert.

11)- Die hohe Geschwindigkeit heutiger technischer Entwicklung steht außer Frage. Ist die Gesellschaft dennoch immer noch oder gerade heute von der technischen Entwicklung bewegt oder beeinflusst?

Kultur und Gesellschaft werden in höchstem Maße durch die rasende technische Entwicklung geprägt.

12)- Gab es die Reaktion auf technische Entwicklung schon immer oder erst z.B. mit der industriellen Revolution?

Meiner Ansicht nach schon immer. Selbst in griechischen Epen und in der Bibel gibt es die Thematisierung technischer Entwicklung.

13)- Und zum Schluss: Könnte man die beiden Gattungen auch unter anderen Aspekten untersuchen und vergleichen?

Noch mal in aller Deutlichkeit: Es handelt sich bei Poetry Slam definitiv nicht um eine Gattung.

8.3.2 Interview mit Crauss

– Vorab zu Ihrer Person:

→ Üben Sie einen Beruf aus, der etwas mit PS, TL oder sogar Beidem zu tun hat?

Ich bin selbst Dichter, schreibe Lyrik und kurze Prosa, trage meine Texte auch bei Veranstaltungen (Dichterlesungen) vor oder präsentiere sie ähnlich wie bei einem Poetry Slam auf eine performative Weise.

→ Kann man PS wie Lyrik als eigene Gattung bezeichnen? Warum?

Nein. Poetry Slams sind keine Text-, sondern eine Darbietungsform. Mindestens müsste man unterscheiden zwischen Poetry Slam als Veranstaltung und Poetry Slam-Texten als eventuell eigene Gattung. Aber auch in dieser Hinsicht würde ich die Frage verneinen. Bei Slams werden keine homogenen Textgattungen präsentiert, sondern sehr unterschiedliche Formen. Welche insbesondere, hängt sehr vom Veranstaltungsort ab: In Aachen beispielsweise legt das Publikum vor allem Wert auf humoristisches, beim Slam in Heidelberg kommen dagegen neben Comedy-Texten durchaus ernsthafte Geschichten und sehr leise, fragile Gedichte zur Geltung. Überhaupt wird ja auf Slam-Bühnen meist beides angeboten: Gedichte, Lieder ohne Begleitung, Geschichten.

1)- Haben Sie Erfahrungen mit PS gemacht? Wenn ja, welche?

→ Sind Sie aktiv oder passiv in der Szene unterwegs?

Ich bin einige Zeit lang selbst bei Poetry Slams aufgetreten, etwa im Subrosa in Dortmund, wo das Publikum nicht nur durch Klatschen oder Noten über die Texte abgestimmt hat, sondern auch Bierdeckel auf die Bühne warf, wenn der Vortragende seine Darbietung besser beenden sollte. Ich schreibe zwar auch humorige oder satirische Texte, fand aber irgendwann meine Sachen nicht mehr passend für immer mehr Richtung Comedy einerseits und Weltschmerz-Rap andererseits tendierende Slams. Erst nach langer Pause und auf Einladung des Rundfunks bin ich 2011 wieder einmal bei einem Poetry Slam aufgetreten. In Siegen habe ich gelegentlich Olaf n. Schwanke, den Moderator des Slams vertreten, bin aber außer in den Anfangstagen der hiesigen Veranstaltung nie dort aufgetreten.

2)- Haben Sie sich schon mal mit PS auseinandergesetzt? Wenn ja, wie?

Die Frage ist ein bisschen ungenau. ich habe mich (siehe oben) schon praktisch mit Poetry Slams (Veranstaltung) auseinandergesetzt; mit Slam-Texten setze ich mich als Hörer auseinander, wenn ich im Publikum sitze. Als Leser eher nicht, da ich finde, dass die meisten Slam-Texte an Qualität verlieren, wenn man sie liest (oder umgekehrt: Viele Slam-Texte eignen sich fast ausschließlich für den Vortrag und haben kaum literarische Qualität). Eine mir bekannte Ausnahme ist Toby Hoffmann[38], dessen Texte sehr politisch sind und auch bei der Lektüre nicht an formaler Ästhetik verlieren, da sie nicht an einem sehr typischen Poetry Slam-Duktus festhalten, wie ihn etwa Bas Böttcher pflegt.

- Haben Sie sich schon mal mit TL auseinandergesetzt? Wenn ja, wie?

Mein Beruf als Schriftsteller bringt das mit sich. Wer schreibt, sollte auch viel lesen. Beim Dichten (und das gilt ebenso fürs Slam-Texte schreiben) bewege ich mich nicht in einem Vakuum, sondern stets auf der Basis von allem, was vor mir gedichtet wurde. Ob ich es sehr bewusst mache oder nicht, meine Texte stehen immer in Beziehung zu vorhergehenden Schreibern. Ich lese viel zeitgenössische Literatur, Gedichte und Prosa von noch lebenden Autoren, aber auch Lyrik[39], zum Beispiel von Benn bis (in der Zeitrechnung rückwärts laufend) Oswald von Wolkenstein.

3)→ Können Sie einen Vergleich zwischen PS und TL wagen?

Wie soll dieser Vergleich aussehen? Eine Unterscheidung qualitativer Art etwa? Dann kann man sagen, dass die Qualität sehr vieler Poetry Slam Texte nicht über den Vortrag und das Ende der Veranstaltung hinausreicht, dass aber auch Goethe viel Schrott produziert hat.

---

38   http://hoffmannpoetry.com/.
39   Dass ich nicht immer explizit Lyrik sage, sondern *Literatur* allgemein oder *Texte* hat damit zu tun, dass die Gattungen bei Zeitgenössischen Autoren oft fließend ineinander übergehen und selbst bei vielen modernen und klassischen Autoren nicht unterschieden werden können. Was Dichter früher z.B. als *Lied* geschrieben haben, lesen wir heute als *Gedicht* – will man genau sein, ist das aber schon ein Gattungsunterschied.

4)- Würden Sie PS als Phänomen bezeichnen? Warum?

Poetry Slam ist sicher ein Massenphänomen und zieht viele eher jüngere Menschen an, die sich sonst vielleicht nicht mit Literatur oder lyrischen Texten beschäftigen. Oft genug geht die große Anziehungskraft von Poetry Slams aber zum Nachteil sonstiger literarischer Veranstaltungen, indem einerseits Leute Poetry Slams für die einzige Form von Literatur halten, andererseits Institutionen und Städte ‚normale' Autorenlesungen kaum noch fördern, weil eben weniger Publikum kommt und dadurch auch weniger Geld in die Kassen. Poetry Slams oder entsprechende Texte sind allerdings längst kein Phänomen mehr im Hinblick auf die Neuartigkeit der Veranstaltungsart. Das war vielleicht Ende der 80er, Anfang der 90er Jahre mal innovativ als es von den USA nach Deutschland kam, hat sich aber doch heute alles etabliert und eingespielt.

5)- Ist die Oralität das Besondere am PS? Macht sie den Reiz aus? Ist sie revolutionär in der Geschichte / etwas Neuartiges?

Selbstverständlich leben Poetry Slams vom Mündlichen und von der Interaktion mit dem Publikum, oft auch von einer guten Moderation wie erwähnt. Die meisten der dargebotenen Texte lassen stark nach, wenn man sie liest. Revolutionär ist aber an der Oralität rein gar nichts, wenn man bedenkt, dass bis mindestens zum Mittelalter die meisten Texte nicht aufgeschrieben oder leise für sich gelesen, sondern laut und öffentlich vorgetragen und auch entsprechend konzipiert wurden. Im Grunde sind Poetry Slams also etwas uraltes im neuen Gewand.

- Kann man bei TL auch von einer Performance reden? Wie würden Sie ihre Performance ausdrücken?

Wieso sollte man ein Goethe-Gedicht, etwa den Erlkönig, nicht genauso wirkungsvoll auf die Bühne bringen wie beispielsweise einen Poetry Slam Text. Viele kürzere, eher unbekanntere Märchen der Brüder Grimm (z.B. „Wie die Kinder das Schlachten lernten") sind viel effektvoller als ein paar aktuelle Zeilen über Akne, Eltern im Wohnwagen oder den eigenen Pimmel (was Andy Strauss so schreibt...). Performance hat aber eigentlich nicht automatisch etwas zu tun mit Lautstärke und Effekthascherei. Bei einem gut komponierten Gedicht kann es eher darauf ankommen, es genau vorzutragen und akzentuiert in dem Sinne, dass Mehrdeutigkeiten auch unabhängig vom Schriftbild hörbar werden.

6)→ Stellt die Performance einen gravierenden Unterschied zwischen PS und TL dar?

Nein. Wenn ich einen Textvortrag höre, will ich etwas stimmiges, d.h.: Zum Text passendes oder aus dem Text sich konsequent ergebendes hören, ganz egal ob es sich dabei um einen Slam-Text oder ein Rilke-Gedicht handelt.

7)- Kann man Texte wie Lyrik unter dem Aspekt bestimmter Motive untersuchen?

Ist das eine rhetorische Frage oder vom Deutschlehrer vorgegeben? Selbstverständlich lassen sich alle jemals veröffentlichten Texte / Gedichte unter dem Aspekt bestimmter Motive untersuchen. Es gibt ganze Lexika, die Stoffe / Motive der (Welt)Literatur veranschaulichen, also etwa zeigen, wo und wann das Motiv der Rose oder des Waldes in der Literatur jemals vorgekommen ist. Ich halte es sogar für eine sehr natürliche Frage, sich beim Dichten zu überlegen, wo ist mein jetziges Thema bereits einmal behandelt worden (das muss auch gar nicht so wahnsinnig lang her sein). Durch eine Ähnlichkeit oder gerade durch die Abwandlung eines alten Motivs ergeben sich reizvolle Aspekte für beide Texte: mein aktuelles Gedicht und den ‚Vorgänger' oder ‚Parallel-Läufer'. Wahrscheinlich wird jemand aus Holland ganz anders über die Rose oder die Tulpe schreiben als ich in Deutschland.

8)- Kann man PS als die Lyrik der Moderne bezeichnen?

Nein. Erstens, weil „PS" und zweitens weil „Moderne" nicht genauer definiert sind. Selbst wenn man „PS" als eigene Gattung nimmt, muss man immer noch in Betracht ziehen, dass Slam-Texte sowohl lyrisch als auch Prosa sein können. Die „Moderne" als Epoche ist längst vorbei; in der Literatur hat sie eine Zeit des Umbruchs zwischen 1890 und 1920 bezeichnet. Mindestens muss man „Moderne" durch „zeitgenössisch" ersetzen, eventuell durch „Post- oder Nachmoderne", aber auch das sind problematische Begriffe.

9)- Glauben Sie, Literatur kann auf bestimmte z.B. gesellschaftliche Verhältnisse reagieren?

Literatur reagiert immer auf gesellschaftliche Verhältnisse, nämlich bildet sie im Kleinsten ab, wie ich die Welt, meine gesellschaftliche Umgebung, sehe. Literatur ist Weltwahrnehmung. Auch im Größeren funktioniert das. Nach 9/11 hat es viele Geschichten und Gedichte gegeben, die sich mit dem Ereignis beschäftigten. Zeitgenössische israelische Lyrik beispielsweise beschäftigt sich sehr mit den politischen Verhältnissen im nahen Osten und so weiter. Eher skeptisch bin ich bei der Frage danach, ob Literatur auch (politisch/ gesellschaftlich) etwas bewegen kann, also nicht nur reagiert, sondern neue Prozesse in Gang setzt.

10)- Stellt die technische Entwicklung ein großes Motiv der TL dar / findet man in ihr Reaktionen darauf?

Ja, sofern man sich auf die Epoche der modernen Literatur bezieht, aber auch vorher und erst recht nachher findet man Reaktionen auf technische Entwicklungen in der Lyrik als auch in anderen Text- und Kunstgattungen. Viele Dichter reagierten auf die Entwicklung des Films und der Photographie, indem sie versuchten, ähnliche Ästhetiken (Bildaufbau, Schnitte) in ihren Texten umzusetzen. Rolf Dieter Brinkmann in den 1970er Jahren oder die Beat-Poeten der 60er arbeiteten stark mit einer Schnitttechnik (cut up), um die immer fragmentarischere Wahrnehmung der Welt darzustellen.

11)- Die hohe Geschwindigkeit heutiger technischer Entwicklung steht außer Frage. Ist die Gesellschaft dennoch immer noch oder gerade heute von der technischen Entwicklung bewegt oder beeinflusst?

Die Gesellschaft bewegt sich natürlich sofort in die Läden oder ans Internet, wenn man ihr einen neuen Happen hinhält und behauptet, damit funktioniere die Welt noch besser. In Wirklichkeit können die neuesten Telefone ja alles mögliche, bloß kaum noch telefonieren. Ich glaube, die Wirkung neuer Entwicklungen ist immer noch in der Gesellschaft spürbar, sie hält aber nicht mehr so lange an wie früher. Manchmal kommen auch totgesagte Techniken zurück: Die Produktion von Vinyl-Schallplatten hat wieder enorm zugenommen und ist, wenn ich recht erinnere, höher als etwa Ende der 1980er Jahre. Auch die Literatur reagiert nicht mehr auf jeden neuen Firlefanz. Anfang der 2000er Jahre gab es zum Beispiel eine Rückbesinnung auf Naturlyrik (die allerdings teils versuchte, technische Dinge so zu beschreiben wie Natürliche und umgekehrt); einer ihrer prominenten und wichtigen Vertreter war und ist der Dichter Ron Winkler. Ich würde sagen: Die Techniken und die zugehörige Sprache ändern sich, Themen und Motive eher nicht.

12)- Gab es die Reaktion auf technische Entwicklung schon immer oder erst z.B. mit der industriellen Revolution?

Siehe Frage 10.

13)- Und zum Schluss: Könnte man die beiden Gattungen auch unter anderen Aspekten untersuchen und vergleichen?

Vorsicht: Bei der Frage wird schon wieder vorausgesetzt, Poetry Slam sei tatsächlich eine eigene Gattung! Vielleicht wäre eine Untersuchung tatsächlich interessant, die sich einmal die Mühe macht zu hören, wie traditionelle Lyrik im Vergleich zu Slam-Texten gesprochen/ performt wird. Also nicht Text-formal, oder höchstens über Abhängigkeiten zwischen der geschriebenen Form und wie man sie akustisch umsetzt. Eine weitere Möglichkeit wäre, über das Alter der Schreibenden zu sprechen. Die meisten Slammer sind sehr jung, allerdings wurden viele bekannte traditionelle Gedichte ebenfalls von sehr jungen Dichtern verfasst: Novalis war 28, Trakl 27, Büchner bloß 23 als sie starben.

8.3.3   Interview mit Dr. phil. Christian Schütte

– Vorab zu Ihrer Person:

→ Üben Sie einen Beruf aus, der etwas mit PS, TL oder sogar Beidem zu tun hat?

Ja, indirekt. Von Haus aus bin ich Sprachwissenschaftler, lehre an der Uni Siegen aber vor allem im sprachpraktischen Bereich und gebe Kurse zur mündlichen und schriftlichen Kommunikationskompetenz. Dazu zählt „Kreatives Schreiben", wo Studierende in erster Linie literarische Texte verfassen, aber auch „Texte sprechen", wo es um den Vortrag geht. Außerdem begleite ich die Redaktion der studentischen Online-Text-Plattform „LiteraListen", die auch literarische Texte publiziert.

→ Kann man PS wie Lyrik als eigene Gattung bezeichnen? Warum?

Es ist m. E. nicht nötig, PS als eigene Gattung zu betrachten. Man sollte nicht mehr „Gattungen" einführen, als es unbedingt geben muss. Und das, was beim PS vorgetragen wird, ist entweder Lyrik oder Prosa, also nichts in diesem Sinne Neues, was als eigene Gattung zu gelten hätte.

1)- Haben Sie Erfahrungen mit PS gemacht? Wenn ja, welche?

Ich war zwei Mal (als Exkursion jeweils mit studentischen Schreibkursen) bei den PS am Oberen Schloss. Außerdem habe ich mir gelegentlich die WDR-Sendungen mit PS angesehen.

→ **Sind Sie aktiv oder passiv in der Szene unterwegs?**

In letzter Zeit verspüre ich immer weniger Lust, mich mit solchen Veranstaltungen zu befassen, weil mir vor allem die Qualität der vorgetragenen Texte zu gering ist.

2)- Haben Sie sich schon mal mit PS auseinandergesetzt? Wenn ja, wie?

Siehe 1. Obwohl ich übrigens während des Aufkommens der PS in den 90ern noch in Hamburg gelebt habe und sich PS dort früh durchgesetzt hat, bin ich damals nie hingegangen.

- Haben Sie sich schon mal mit TL auseinandergesetzt? Wenn ja, wie?

Ich habe Germanistik studiert, da gab's entsprechende Studieninhalte. Außerdem schreiben meine Studierenden, wenn sie überhaupt Gedichte verfassen, dann eher traditionell.

3)→ Können Sie einen Vergleich zwischen PS und TL wagen?

Ich gebe mal wieder, was mir Studierende – auch im Kontext unserer Online-Plattform „LiteraListen" – schon häufiger gesagt haben, wenn ich bei lyrischen Texten Metrik, Reimschema usw. kritisiere: Ja, heißt es dann, das alles sei hier aber nicht so wichtig, es handele sich schließlich „nur" um einen PS-Text. Insofern gilt als PS-Text alles, was zu missraten ist, um es (womöglich gedruckt) zu lesen. Einem Publikum, das es mehrheitlich nicht gewohnt ist, Texten schnell zu folgen und deren literarische Qualität zu beurteilen, fällt nicht auf, was an Defiziten zu hören ist, wenn ein Text nur schnell genug runtergerattert wird. Dies ist bei PS meistens der Fall. Das – eben oft unkundige – Publikum bewundert den viel zu eiligen Vortrag zudem noch als „flüssig". Auch der „Mut" derjenigen, die sich da auf die Bühne stellen und als „Menschen wie du und ich" inszenieren, fasziniert offensichtlich. Das Publikum bemerkt dann weniger die qualitativen Mängel, als es beim Lesen von TL der Fall wäre, und genießt den „Event"-Charakter.

4)- Würden Sie PS als Phänomen bezeichnen? Warum?

Da ein „Phänomen" erst mal alles sein kann, was irgendwie wahrnehmbar ist, ist es gewiss eins. Aber im Ernst: Es kommt auch bei Leuten gut an, die wenig lesen, weil es „Event"-Charakter hat. Es ist allerdings erstaunlich, dass sich das nun schon fast 20 Jahre hält.

5)- Ist die Oralität das Besondere am PS? Macht sie den Reiz aus? Ist sie revolutionär in der Geschichte / etwas Neuartiges?

Man sollte die Kirche im Dorf lassen, für eine Revolution fehlen die Unterschiede zur Tradition in den Texten selbst und es fehlt dem Vortrag oft die Qualität. Die Authentizität – der Autor selbst trägt, womöglich rhetorisch unvollkommen, einen bestenfalls gerade erst verfassten Text vor – spielt die entscheidende Rolle für die Beliebtheit: Dichter zum Anfassen, sozusagen.

- Kann man bei TL auch von einer Performance reden? Wie würden Sie ihre Performance ausdrücken?

Sobald TL vorgetragen wird, sei es als Lesung, Hörbuch oder was auch immer, handelt es sich um Performance, ganz einfach. Ob der Autor selbst performt oder nicht, ist dabei egal. Allerdings kommt auch bei der TL den Autorenlesungen – in der Wahrnehmung des Publikums – eine besondere Authentizität zu. So wie der Dichter ein Gedicht selbst liest, wird es dann oft für „richtig" gehalten.

6)→ Stellt die Performance einen gravierenden Unterschied zwischen PS und TL dar?

Zumindest wird es als wesentlicher Unterschied wahrgenommen. Dichterlesungen sind zwar gar nicht mal so unbeliebt (auch in Siegen nicht!), aber wenn der Autor quasi „geschützt" hinter einem Tisch sitzt und einer passiven Zuhörerschaft vorliest, gilt das manchmal als dröge. Nicht nur die Performance macht also den Unterschied, sondern auch der Aspekt, dass das Publikum beim PS in diesem **Wettbewerb** entscheidet. Der Erfolg des PS fällt nicht zufällig zeitlich mit dem Entstehen der Castingshows zusammen. PS ist ein Literatur-Casting. Vieles in PS grenzt aber auch an das, was sonst dem Kabarett- oder häufiger noch dem Comedian-Bereich zugerechnet wird. Das ist unterhaltsam, weil (zumindest der Intention nach) lustig und deshalb beliebt. Anderes ähnelt wiederum dem Hiphop (auch wenn dieser seit einigen Jahren auf dem absteigenden Ast ist). Casting, Comedy und Hiphop sind als Bühnenveranstaltungen wohl engere Verwandte des PS als TL.

7)- Kann man Texte wie Lyrik unter dem Aspekt bestimmter Motive untersuchen?

Natürlich, das wird ja auch in der Literaturwissenschaft seit langem getan.

8)- Kann man PS als die Lyrik der Moderne bezeichnen?

Nein. Es fehlen dazu Unterscheidungsmerkmale. Es ist nur eine moderne Form, Lyrik zu präsentieren – und zu verkaufen.

9)- Glauben Sie, Literatur kann auf bestimmte z.b. gesellschaftliche Verhältnisse reagieren?

Ja, das kann sie und manchmal macht sie das. Aber sie muss es nicht und macht es nicht immer.

10)- Stellt die technische Entwicklung ein großes Motiv der TL dar / findet man in ihr Reaktionen darauf?

Ja, und zwar schon seit Jahrhunderten! (Auch das wäre also keine Erfindung des PS.)

11)- Die hohe Geschwindigkeit heutiger technischer Entwicklung steht außer Frage. Ist die Gesellschaft dennoch immer noch oder gerade heute von der technischen Entwicklung bewegt oder beeinflusst?

Die Gesellschaft ist seit Jahrhunderten von technischen Entwicklungen beeinflusst, und zwar stärker, als es den meisten Menschen bewusst war und ist.

12)- Gab es die Reaktion auf technische Entwicklung schon immer oder erst z.b. mit der industriellen Revolution?

Da kommt es natürlich darauf an, was man unter „Technik" versteht. Aber schon vor der industriellen Revolution hat es z. B. einen wesentlichen Unterschied gemacht, ob man einander mit Keulen oder Katapulten bekriegt. Insofern hat die industrielle Revolution die Notwendigkeit, auf Technik zu reagieren, nicht initiiert, aber sicherlich deutlich verstärkt. Das gilt bis heute.

13)- Und zum Schluss: Könnte man die beiden Gattungen auch unter anderen Aspekten untersuchen und vergleichen?

Das setzt jetzt ja voraus, dass es zwei „Gattungen" sind … Mich würde interessieren, wie Autoren und Publikum PS eigentlich wahrnehmen. Das könnte man mal empirisch erforschen und mit klassischen Dichter-Lesungen vergleichen – z. B. durch eine Befragung.

8.3.4 Interview mit einem Mitglied der studentischen Online-Plattform

„LiteraListen"

– Vorab zu Ihrer Person:

→ Üben Sie einen Beruf aus, der etwas mit PS, TL oder sogar Beidem zu tun hat?

Eigentlich nein. Aber ich Studiere etwas mit Literatur, deshalb beschäftige ich mich zumindest auch mit Lyrik in einem professionellen Umfeld.

→ Kann man PS wie Lyrik als eigene Gattung bezeichnen? Warum?

Ich würde sagen ja. Weil PS ihre eigen Regeln haben und sich die meisten Texte wohl durch bestimmte Merkmale einander zuorden lassen.

1)- Haben Sie Erfahrungen mit PS gemacht? Wenn ja, welche?

→ Sind Sie aktiv oder passiv in der Szene unterwegs?

Ich gehe seit Jahren auf PS. Bin aber nicht aktiv dabei. In Siegen gibt es häufiger groß angelegte Slams. Allerdings war ich auch schon in Berlin auf kleinen, wo auch viel improvisiert wurde. Und vielen Lesungen von Slammern, außer Konkurrenz.

2)- Haben Sie sich schon mal mit PS auseinandergesetzt? Wenn ja, wie?

Ich habe auch mal überlegt teilzunehmen. Allerdings an einem Diary-Slam. Da habe ich dann auf Grund meiner Erfahrungen überlegt, wie ein Text gestaltet werden müsste, um für ein Publikum interessant zu sein. Außerdem war ich in Berlin bei der Premiere der ersten Doku über PS. Das war sehr interessant.

- Haben Sie sich schon mal mit TL auseinandergesetzt? Wenn ja, wie?

Natürlich haben wir uns in der Schule viel mit Gedichtanalyse beschäftigt. Ich habe aber auch früh selbst Gedichte geschrieben.

3)→ Können Sie einen Vergleich zwischen PS und TL wagen?

Lyrik ist nicht unbedingt darauf aus ein Publikum zu begeistern und sich mit anderen Stücken vergleichen zu lassen. Natürlich soll es etwas im Rezipienten bewegen, allerdings ist das vielleicht nicht immer ein aktives Ziel, was Lyriker verfolgen. Slamtexte ähneln sich außerdem meistens sehr stark. Sie sind aus einer Ich-Perspektive geschrieben und man soll diese Texte in Zusammenhang mit dem Autor sehen. Das ist ja bei Lyrik ganz anders. Lyrik ist meistens abstrakter, mehr verschlüsselt und umschreibend. Slamtexte bringen schnell etwas auf den Punkt und sind vor allem oft lustig. Lyrik hingegen ist auch oft sehr melancholisch.

4)- Würden Sie PS als Phänomen bezeichnen? Warum?

Hm. Phänomen könnte man natürlich dazu sagen. Ich würde es eher als Entwicklung beschreiben. Oft junge Menschen wollen mit ihren Texten, ihren Gedanken an die Öffentlichkeit. Wollen sich ausprobieren und Rückmeldungen zu ihren Texten. Ein PS bietet vielen die Möglichkeit schnell viele Menschen zu erreichen. Lyrik wird oft als mehr für eine „Elite" gehandelt. Also ich kenne viele Menschen, die gerne zu PS gehen, aber nur wenige, die Gedichte lesen oder sogar selbst schreiben.

5)- Ist die Oralität das Besondere am PS? Macht sie den Reiz aus? Ist sie revolutionär in der Geschichte / etwas Neuartiges?

Früher wurden Texte aller Art nur mündlich weitergegeben. Später, als es schon das Massenprodukt Buch gab wurde auch lange Zeit noch laut gelesen und Gedichte zur Abendunterhaltung vorgetragen usw. Also auf keinen Fall revolutionär. Aber natürlich ist es etwas Besonderes. Heute ist das Vortragen von Texten nicht mehr in unseren Alltag integriert.

- Kann man bei TL auch von einer Performance reden? Wie würden Sie ihre Performance ausdrücken?

Die Art wie ein Gedicht gestaltet wurde, die Form, die Auswahl der Wörter, ihre Platzierung im Text. Das ist auch eine Art von Performance.

6)→ Stellt die Performance einen gravierenden Unterschied zwischen PS und TL dar?

Naja, schon. Die einen Texte werden eher still für sich selbst rezipiert. Bei der anderen Gattung ist ein ganzes Publikum involviert, was auch die Performance beeinflussen kann.

7)- Kann man Texte wie Lyrik unter dem Aspekt bestimmter Motive untersuchen?

Ja.

8)- Kann man PS als die Lyrik der Moderne bezeichnen?

Nein. Es gibt auch noch die TL, die ist ja nicht weg. Und auch da gibt es Entwicklungen, Neuerungen. Es ist nur ein weiterer Aspekt. Außerdem sind manche Slamtexte auch weniger Lyrik, als Prosa.

9)- Glauben Sie, Literatur kann auf bestimmte z.b. gesellschaftliche Verhältnisse reagieren?

Natürlich. Literatur ist immer ein Spiegel der Gesellschaft. Wer wissen will, welche Werte zu einer Zeit regierten, muss sich nur einen zeitgenössischen Text dazu vornehmen. Auch politische Entwicklungen spielen in allen Genres eine große Rolle. Es gibt immer Verweise. Anders geht es auch gar nicht, da der Autor ja in seiner Zeit aufgewachsen ist.

10)- Stellt die technische Entwicklung ein großes Motiv der TL dar / findet man in ihr Reaktionen darauf?

Sie wird auf jeden Fall auch thematisiert. Lyrik zum Thema Industrialisierung zum Beispiel gibt es sehr viel.

11)- Die hohe Geschwindigkeit heutiger technischer Entwicklung steht außer Frage. Ist die Gesellschaft dennoch immer noch oder gerade heute von der technischen Entwicklung bewegt oder beeinflusst?

Ja. Auf jeden Fall. Ohne Technik kommen wir doch heute gar nicht mehr aus.

Und wir sind darauf angewiesen immer schnellere und bessere Geräte und Wege zu entwickeln.

12)- Gab es die Reaktion auf technische Entwicklung schon immer oder erst z.B. mit der industriellen Revolution?

Schon immer.

13)- Und zum Schluss: Könnte man die beiden Gattungen auch unter anderen Aspekten untersuchen und vergleichen?

Unter anderen als den hier aufgeführten? Klar. So vielfältig wie Literatur ist, so vielfältig sind auch die Wege sie zu untersuchen. Thematische Vergleiche, Schnelligkeit der Entwicklung, Langlebigkeit, wer sind die Autoren?

8.3.5 Interview mit Lisa Neumann

Folgendes Gespräch wurde nicht aufgezeichnet, sondern aus der Erinnerung mit Hilfe von geführten Notizen mit Einwilligung von Frau Neumann rekonstruiert.

– Vorab zu Ihrer Person:

→ Üben Sie einen Beruf aus, der etwas mit PS, TL oder sogar Beidem zu tun hat?

Nach dem Abitur hatte ich ein Studium angefangen, der Studiengang nennt sich heute glaube ich LKM, habe dieses jedoch abgebrochen und übe im Moment keinen „Beruf" in der Richtung aus, schreibe jedoch Texte und habe auch schon an Poetry Slams teilge-nommen.

→ Kann man PS wie Lyrik als eigene Gattung bezeichnen? Warum?

/

1)- Haben Sie Erfahrungen mit PS gemacht? Wenn ja, welche?

→ Sind Sie aktiv oder passiv in der Szene unterwegs?

Ich habe schon 3 mal an Poetry Slams teilgenommen, heute jedoch weniger, da mir die nenne ich es mal Geschäftemacherei, der Wettbewerb und die Inszenierung nicht gefällt. Außerdem haben einige Slam-Veranstaltungen nicht mehr den ursprünglichen Charak-ter, denn sobald einer der „großen" Slam-Künstler auftritt, trauen sich nur noch die we-nigsten „kleinen" Künstler.

2)- Haben Sie sich schon mal mit PS auseinandergesetzt? Wenn ja, wie?

Siehe 1.

- Haben Sie sich schon mal mit TL auseinandergesetzt? Wenn ja, wie?

Ja, habe ich. Ich persönlich konnte bei mir feststellen, dass ich ursprünglich immer dann geschrieben hatte, wenn mir irgendwas auf dem Herzen lag, und irgendwann hat man sich dann auch mal ohne den Herzschmerz zur Lyrik begeben.

3)→ Können Sie einen Vergleich zwischen PS und TL wagen?

Der PS ist eine Veranstaltung, TL bezeichnet eine Textform. Jedoch könnte man sagen, dass sich die Texte heutiger Zeit ja auch irgendwie aus „traditionellen" Texten entwickelt haben müssen, die TL deshalb vielleicht als Anfang des PS betrachtet werden kann. Bei der TL ist die Form jedoch wichtig (im Gegensatz zum PS).

Auf der anderen Seite ist der PS etwas ganz modernes, während es TL annähernd

„schon immer" gab.

4)- Würden Sie PS als Phänomen bezeichnen? Warum?

Ja. Es ist eine Erscheinung unserer Zeit. Ich stelle mir jedoch die Frage, ob der PS auch noch in der Zukunft existieren kann, da sich auch immer mehr Menschen wieder vom PS abwenden.

Außerdem ist es heute keine Subkultur mehr, sondern ein Hype und ein daraus gemachtes Geschäft, heute bekommen die Teilnehmer sogar teilweise Gagen.

5)- Ist die Oralität das Besondere am PS? Macht sie den Reiz aus? Ist sie revolutionär in der Geschichte / etwas Neuartiges?

Den Reiz bekommt die Oralität wahrscheinlich daher, dass die Menschen sich auch wieder gerne mal etwas erzählen lassen, dazu sind kürzere Texte allerdings besser geeignet.

- Kann man bei TL auch von einer Performance reden? Wie würden Sie ihre Performance ausdrücken?

Die Performance der TL würde ich wenn schon durch die Form begründen, zum Beispiel durch ein Sonett.

6)→ Stellt die Performance einen gravierenden Unterschied zwischen PS und TL dar?

Bei Lesungen **und** Poetry Slams ist die Performance definitiv mit das wichtigste und steht teilweise sogar über dem Text. Bei geschriebener Lyrik kann man hier wieder nur auf die Form eingehen.

7)- Kann man Texte wie Lyrik unter dem Aspekt bestimmter Motive untersuchen?

Ist es nicht genau das, was ihr in euren Deutsch-Klausuren machen müsst? Es funktioniert übrigens bei allen Textformen.

8)- Kann man PS als die Lyrik der Moderne bezeichnen?

Nein. Meistens ist ein Slam-Text auch keine Lyrik, sondern Kurzprosa.

9)- Glauben Sie, Literatur kann auf bestimmte z.B. gesellschaftliche Verhältnisse reagieren?

Ja, das tut sie ja immer. Künstler sind ja automatisch von ihrer Zeit beeinflusst. Allerdings bin ich mir nicht sicher, ob dadurch auch eine Veränderung bezweckt werden kann.

10)- Stellt die technische Entwicklung ein großes Motiv der TL dar / findet man in ihr Reaktionen darauf?

Ganz bestimmt! Über den PS kann man dasselbe sagen. Nur wird hier anstatt über das neu erfundene Telefon über das Smartphone geschrieben.

11)- Die hohe Geschwindigkeit heutiger technischer Entwicklung steht außer Frage. Ist die Gesellschaft dennoch immer noch oder gerade heute von der technischen Entwicklung bewegt oder beeinflusst?

Das ist sie zwangsläufig, wenn vielleicht auch in die andere Richtung als früher. Während man früher vielleicht eher die neue Technik gescheut hat, wird man heute schief angeguckt, wenn man kein Handy besitzt oder nicht bei Facebook angemeldet ist.

Dennoch kann man mittlerweile bei einigen Leuten auch wieder eine Art Rückbesinnung beobachten, zum Beispiel sind die Zahlen der jungen Facebook-Nutzer in letzter Zeit Rückläufig.

12)- Gab es die Reaktion auf technische Entwicklung schon immer oder erst z.B. mit der industriellen Revolution?

Schon immer gab es die Spannung über neue Entdeckungen, zum Beispiel Galileos Entdeckungen in der Aufklärung, jedoch kann man anmerken, dass Beobachtungen, wie dass die Erde keine Scheibe ist, in vergangenen Zeiten verboten waren, die Reaktionen also auch erst oder eher mit der Legalität kamen.

13)- Und zum Schluss: Könnte man die beiden Gattungen auch unter anderen Aspekten untersuchen und vergleichen?

Siehe 7.